美国小学主流科学教材

【美】杰伊·哈克特 等 著
STEM未来计划编写组 译

STEM 3

Science, Engineering and Technology

浙江教育出版社·杭州

STEM单元

培养未来领导者的新课程……

科学、工程、技术单元

为学习《新一代科学教育标准》做准备

以STEM为核心的单元模式提供了将科学理念与工程原理相结合的体验

什么是STEM单元：

- 独立的单元能吸引、鼓励学生围绕科学主题进行探究。
- 互动式、可书写的问答形式为学生构建个性化的学习过程。
- “学习指南”在加深学习印象的同时，使学习过程变得更有趣。

为什么要学习STEM：

- STEM能轻松地融合到任何已有的课程中。
- 培养学生合作、交流和批判性思考等21世纪必备能力。
- 理论联系实际，利用课堂中习得的知识解决实际生活中的问题。

本书特色：

通过一系列简单、易操作的活动引导学生参与相关的探究式学习。

Program Authors

Dr. Jay K. Hackett
Professor Emeritus of Earth Sciences
University of Northern Colorado
Greeley, CO

Dr. Richard H. Moyer
Professor of Science Education
and Natural Sciences University of
Michigan–Dearborn Dearborn, MI

Dr. JoAnne Vasquez
Elementary Science Education
Consultant NSTA Past President
Member, National Science Board
and NASA Education Board

Mulugheta Teferi, M.A.
Principal, Gateway Middle School
Center of Math, Science, and
Technology St. Louis Public Schools
St. Louis, MO

Dinah Zike, M.Ed.
Dinah Might Adventures LP
San Antonio, TX

Kathryn LeRoy, M.S.
Chief Officer Curriculum ervices
Duval County Schools, FL

Dr. Dorothy J. T. Terman
Science Curriculum evelopment
Consultant Former K–12 Science and
Mathematics Coordinator
Irvine Unified School District, CA
Irvine, CA

Dr. Gerald F. Wheeler
Executive Director National Science
Teachers Association

Bank Street College of Education
New York, NY

Contributing Authors

Dr. Sally Ride
Sally Ride Science San Diego, CA

Lucille Villegas Barrera, M.Ed.
Elementary Science Supervisor
Houston Independent School District
Houston, TX

American Museum of Natural History
New York, NY

Contributing Writer

Ellen C. Grace, M.S.
Consultant Albuquerque, NM

RFB&D learning through listening
Students with print disabilities may be eligible to obtain an accessible, audio version of the pupil edition of this textbook.
Please call Recording for the Blind & Dyslexic at 1-800-221-4792 for complete information.

connectED.mcgraw-hill.com

McGraw Hill Education

STEM McGraw-Hill is committed to providing instructional materials in Science, Technology, Engineering, and Mathematics (STEM) that give all students a solid foundation, one that prepares them for college and careers in the 21st century.

Send all inquiries to:
McGraw-Hill Education
8787 Orion Place
Columbus, OH 43240

ISBN: 978-0-02-135857-1
MHID: 0-02-135857-5

Printed in the United States of America.

7 8 9 10 11 12 13 QVS 21 20 19 18 17

Content Consultants

Editorial Advisory Board

译 序

一部好教材欲保持其生命力的重要举措就是要不断地与时俱进，要随着社会的变迁、学术的进步不断地吐故纳新。浙江教育出版社引进出版的《科学启蒙（第二版）》就是这样的一部好教材。

比较这套教材的两个版本，不难发现，第一版显然依据的是1996年美国颁布的科学教育标准。1996年的科学教育标准有三个重要特点：(1)明确科学教育的目标是培养所有学生的科学素养（美国曾经有过把培养科学家作为科学教育培养目标的历史）；(2)强调要把科学本身的实际做法，即科学探究也作为科学教育的内容；(3)将科学课程的内容按“生命科学、物质科学、地球与空间科学”三个领域加以划分。第一版的《科学启蒙》较好地落实了课程标准的这些理念。

第二版依据的是美国2013年颁布的《新一代科学教育标准（NGSS）》。和1996年课程标准相比，2013年的标准有三个显著变化。(1)将科学探究扩充为“科学与工程实践”，明显强化了运用科学概念解决实际问题能力的培养。(2)强调科学大概念。标准提出了判断大概念的4个原则：①具有学科的意义，具有跨越多个学科领域的广泛的重要性，或者是本学科中组织相关知识的关键概念；②具有解释力，能解释许多现象；③具有生成性，能为理解和探究更多的概念和解决问题提供关键的工具，与社会、家庭相关；④能从幼儿园到高中螺旋上升。(3)强调了学科间的融合，不仅是科学、技术、工程、数学的融合，还有科学、语文、数学的融合。

第二版的《科学启蒙》教材真的是在与时俱进。首先，它在继续强调科学探究的同时，大大强化了工程设计部分，不仅在各领域各章节中增加了运用相关知识解决实际问题的机会，还在“做一名科学家”版块增添了有关工程设计的“聚焦技能”。第二，在强调科学大概念方面，教材不仅在各章节都有科学大概念的明确标示，还在各章结尾之处增加了科学概念和技能的测评。第三，在学科融合方面，教材不仅强化了科学阅读（包括文和图）和科学写作的指导，还强化了数学意识和能力的培养。

《科学启蒙》这套教材还有一个突出的亮点就是它精彩的图片。大量有视觉冲击力的照片和灵动的排版为教材增色不少，让人爱不释手。

它山之石，可以攻玉。中国正在进行着课程改革，也正在努力地缩短与发达国家在教育上的差距，引进国外好的教材不失为一种有效的捷径。不同的群体都可以从《科学启蒙》这套教材中获益。它为教材编写者提供了一个如何将内容与活动结合的范例，它给予科学教师教学活动设计的启迪，它为语文老师提供了如何指导学生科学阅读和科学写作的策略，就连出版社也可以从中获得科学教材排版方面的启示。除此，作为一套学生的科学阅读的材料，它也是一个不错的选择。

只有站在巨人的肩膀上我们才可以实现弯道超车，才可以追赶上发达国家，才可以实现伟大的中国梦！国家如此，科学教育亦然，让我们共同努力！

小学科学课程标准研制组组长、修订组副组长 郝京华
南京师范大学教科院教授

目 录

Contents

做一名科学家

科学、工程和技术

做一名科学家

变色龙会通过改变体色来进行交流。

科学方法

看一看，想一想

先来认识两位科学家——克里斯·瑞斯沃茨和波勒·拉扎菲，他们分别在纽约的美国自然历史博物馆和马达加斯加的塔那那利佛大学工作。克里斯和波勒对自然界以及所有生活在其中的生物都充满了兴趣。他们研究生活在马达加斯加的动物。马达加斯加是一座热带岛屿，位于非洲沿海，是地球上一些独一无二的植物和动物的家园。

克里斯·瑞斯沃茨

波勒·拉扎菲

你会怎样研究生活在野外的动物?

科学家做什么?

克里斯和波勒想要了解生活在马达加斯加岛上的神奇动物。这座岛的大部分地方科学家还没有探索过，因此他们总能在那里发现新的植物和动物。

> 第三段中，克里斯想要回答的问题是什么？在相关句子下画线。

科学方法是科学家调查周围世界时所使用的方法，科学家使用科学方法来寻找大自然问题的答案。

目前，克里斯和波勒正在研究一种叫做大马达加斯加变色龙的蜥蜴。克里斯在干燥的森林里发现了这种变色龙。他想知道，这种变色龙还生活在马达加斯加岛的其他哪些地方。

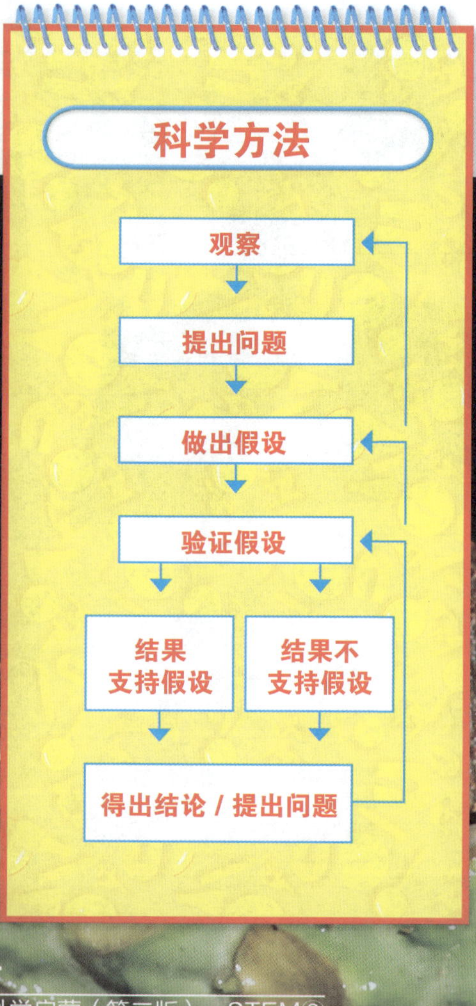

◀所有科学家都会使用科学方法，但他们并不是每次都会用到所有的步骤，也可能会按照不同的顺序来探究。

变量是指会变化的因素。克里斯知道一些变量，例如气温和降水，这两个因素都会影响动物在哪里生活。

克里斯根据这些信息作出假设。假设是回答某个问题的一段话，它可以被验证。

克里斯的假设是：如果某个地方的气温在 10℃～ 40℃，每年的降水量在 500 毫米～ 1500 毫米，那么大马达加斯加变色龙就可以在那里生活。

小测验

填空。

1. 可被验证的，回答某个问题的一段话叫做________________。

▼ 大马达加斯加变色龙

科学家如何验证假设？

大马达加斯加变色龙大概有一根香蕉那么长。在茂密的森林中人们很难找到它，因为它藏起来了。马达加斯加的居民说，当你真想要找一条变色龙时，你是找不到的！

克里斯和波勒应该去哪里找变色龙呢？为了找到变色龙，他们研究气温和降水量的数据。数据就是信息。他们将这些数据输入计算机，并绘制了一张地图。计算机把可能生活着变色龙的区域涂成黄色。这些区域和之前发现变色龙的区域在气温和降水量方面较为接近。克里斯预测，如果去这些区域，他们就能找到大马达加斯加变色龙。

▲在这张地图中，紫色的点表示曾经发现过大马达加斯加变色龙的地方；黄色的区域表示克里斯和波勒预测有变色龙生活的地方。

小测验

2. 克里斯和波勒是怎样知道去哪里寻找变色龙的？

克里斯和波勒选择了去地图上的部分黄色区域寻找变色龙。他们在这些地方收集数据以验证他们的假设，并采用了其他科学家可以重复操作的研究步骤。这样，其他科学家就可以检验克里斯和波勒的研究结果。

将克里斯和波勒在寻找变色龙时做的两件事圈出来。

“夜晚，变色龙睡着了，为了更容易找到它们，我们佩戴了头灯。”克里斯解释道，“我们在树枝间寻找浅色的‘逗号’。”每找到一只变色龙，克里斯和波勒都会做详细的记录并拍照。他们在野外日志中记录准确的日期、时间和地点。

当克里斯和波勒找到大马达加斯加变色龙或其他蜥蜴时，他们都会记下相关数据。

克里斯的野外日志

2018年4月9日

安博伊波拉森林

日降水量：15mm。

温度：20～34℃。下午大雨。

这片落叶林有一些大树和砍伐后留下的树桩，森林边缘被烧毁了。森林中常有人在狩猎。森林中的小溪大多在冬季干涸。

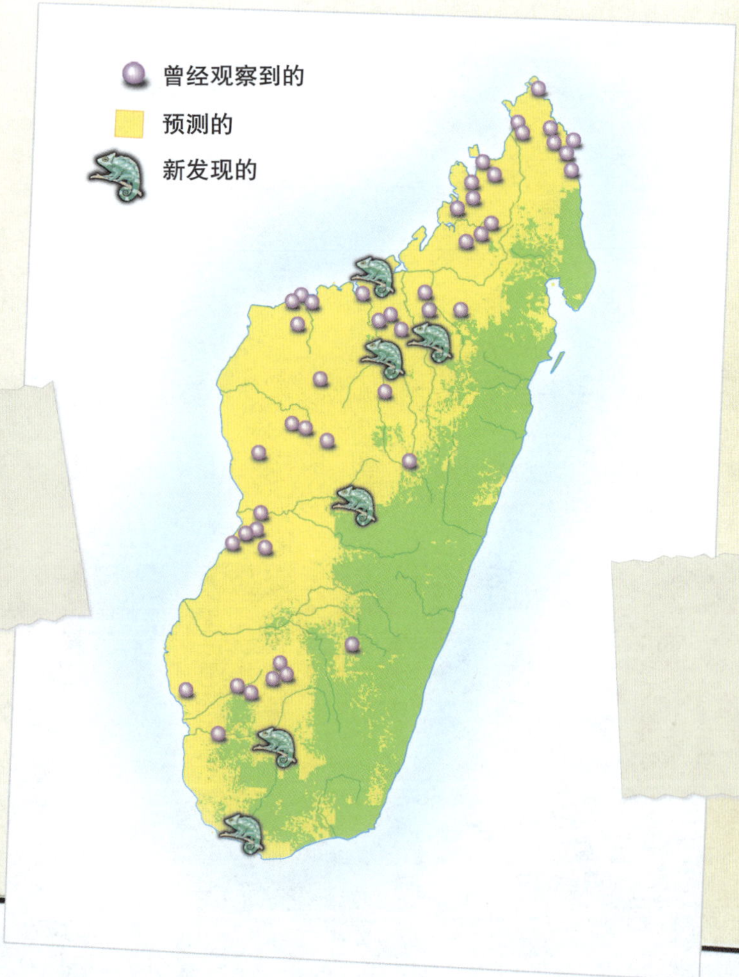

大马达加斯加变色龙
(Furcifer oustaleti)
上午10:45，在有少量树木的草地上找到的。同时发现的还有17枚蜥蜴蛋，蛋的大小约为14 mm×8 mm。

马达加斯加日壁虎
(Phelsuma madagascariensis)
上午11:30，
在小溪边的树丛中发现的。

科学家是如何分析数据的？

验证假设的一项工作是在收集到的数据中找到规律。克里斯和波勒研究他们收集到的所有信息。他们在地图上6个找到过大马达加斯加变色龙的地方做上标记，然后开始寻找数据中的规律。

他们发现，找到的变色龙都生活在地图上的黄色区域。他们讨论这些黄色区域的气温和降水量。

小测验

填空。

3. 科学家研究收集数据的过程，其实是在寻找____________________。

科学家是如何得出结论的?

克里斯和波勒找到变色龙的位置是否和他们预测的一样?是的!这些结果支持了他们的假设。如果一个地方有合适的气温和降水量,那么大马达加斯加变色龙就可以生活在那里。

第二段中,科学家为什么要公布他们的发现?在相关句子下画线。

克里斯和波勒公布了他们的研究结果,这样其他人也可以从他们的研究中获得相关信息。了解变色龙在哪里生活能帮助科学家保护动物的家园。“这能帮助生物学家制订马达加斯加的保育计划。”保罗说。

▼马岛缟狸

克里斯和波勒的结论带来了新的问题——还有其他因素影响大马达加斯加变色龙的生活区域吗？

这几页图中的动物都生活在马达加斯加岛。科学家是否可以通过相同的方法搜寻这些生物？岛上哪些地方的植物和动物最多呢？

新的问题带来新的假设和新的研究。了解更多关于马达加斯加岛动物的信息，有助于人们更好地保护它们。

环尾狐猴

小测验

4. 研究的结果带来了什么？请说明原因。

5. 如果数据不支持研究人员的假设，那么这个研究就是失败的吗？为什么？

聚焦技能

海星

科学家在运用科学方法时，还用到了许多技能。通过使用这些技能，科学家可以更好地收集信息，回答他们对于周围世界的问题。以下是一些他们用到的技能。

观察 运用感官来了解事物或现象。

做出假设 做出能够回答某个问题的说明，这种说明能够被验证。

交流 和他人分享信息。

分类 根据事物的特点、种类或性质等进行分组。

运用数字 用排序、计数、加、减、乘、除等数学方法来解释数据。

制作模型 模型可以用来展示物体的外观或工作原理。

▼ 观察 看看这几页图中的动物，将你的观察结果记录在下表中。

动物	我观察到的

蜥蜴

金鱼

甲壳虫

刺猬

鹦鹉

蜻蜓

使用变量 分析出可以改变某个实验结果的条件。

解释数据 使用收集到的信息来回答或解决问题。

测量 弄清楚事物的大小、距离、体积、面积、质量、重量、温度等。

预测 预先推测事件或实验的可能结果。

推理 从事件或观察中形成一个想法。

实验 为验证假设而进行一些活动或操作。

探究技能培养

在本书的每一章中，你都会看到一个“聚焦技能”专栏。这个专栏会帮助你培养科学家所需要的技能。

蜗牛

动物幼崽

动物	动物幼崽的平均数量
甲壳虫	75
海星	2,000,000
蜥蜴	14
刺猬	4
羚羊	1

小测验

6. 利用表格中的数据，推测动物的大小对其一次生产幼崽数量的影响。

____

____

____

安全提示

室内

- 阅读并理解所有的指导说明。当你看见“△小心”的时候，一定要遵守操作规范。
- 仔细听老师特别说明的注意事项，如果对某些方面不是很清楚，应及时寻求帮助。

- 在活动前，请用肥皂和水清洗双手。
- 使用电热板时，要特别小心。要注意它的开关状态。记住：在将电热板关闭后的几分钟内，它仍旧是热的。
- 如果需要接触一些脏乱或会溅起的物品，请穿上实验服。

- 如果有液体不小心流了出来或溅了出来，请立刻寻求老师的帮助。
- 请按照要求处理废弃物。
- 如果有物品打碎了，请告诉老师。如果玻璃制品碎了，不要独自处理。

- 当老师要求你佩戴护目镜时，请按要求去做。当你要操作一些可能会飞溅到眼睛里的粉末或液体时，必须戴好护目镜。
- 与明火保持一定的距离，尤其注意保护你的头发和衣服。将长发绑起，将长袖卷起。
- 使用电器时，注意保持双手干燥。
- 实验过程禁止饮食。
- 请按照要求把物品整理好。
- 在活动结束后，将你的实验区域清理干净，并用肥皂和水清洗双手。

室外

- 与值得信任的成年人一起活动，例如你的老师、家长或其他监护人。
- 在没有得到成年人的允许前，不要触摸动物或植物。动物可能会咬伤你，有些植物可能会有毒。

责任 **请注意尊重生命、爱护环境和你的同伴。**

科学、工程和技术

1893年，乔治·费里斯设计了摩天轮。

测量和简单机械

大概念 你会怎样使用测量方法和工具来解决问题?

____

____

____

____

____

____

词汇预习

国际单位 科学家使用的计量单位的统称。

长度 从物品的一端到另一端的单位数量的度量。

质量 物体中所含物质的多少。

简单机械 一种没有或只有少量活动部件的机械。

杠杆 一根在力的作用下可绕固定点转动的硬棒，是一种简单机械。

斜面 一种由平坦、倾斜的表面组成的简单机械。

在你学习这个单元的过程中，完成下列关于测量方法和简单机械的示意图。

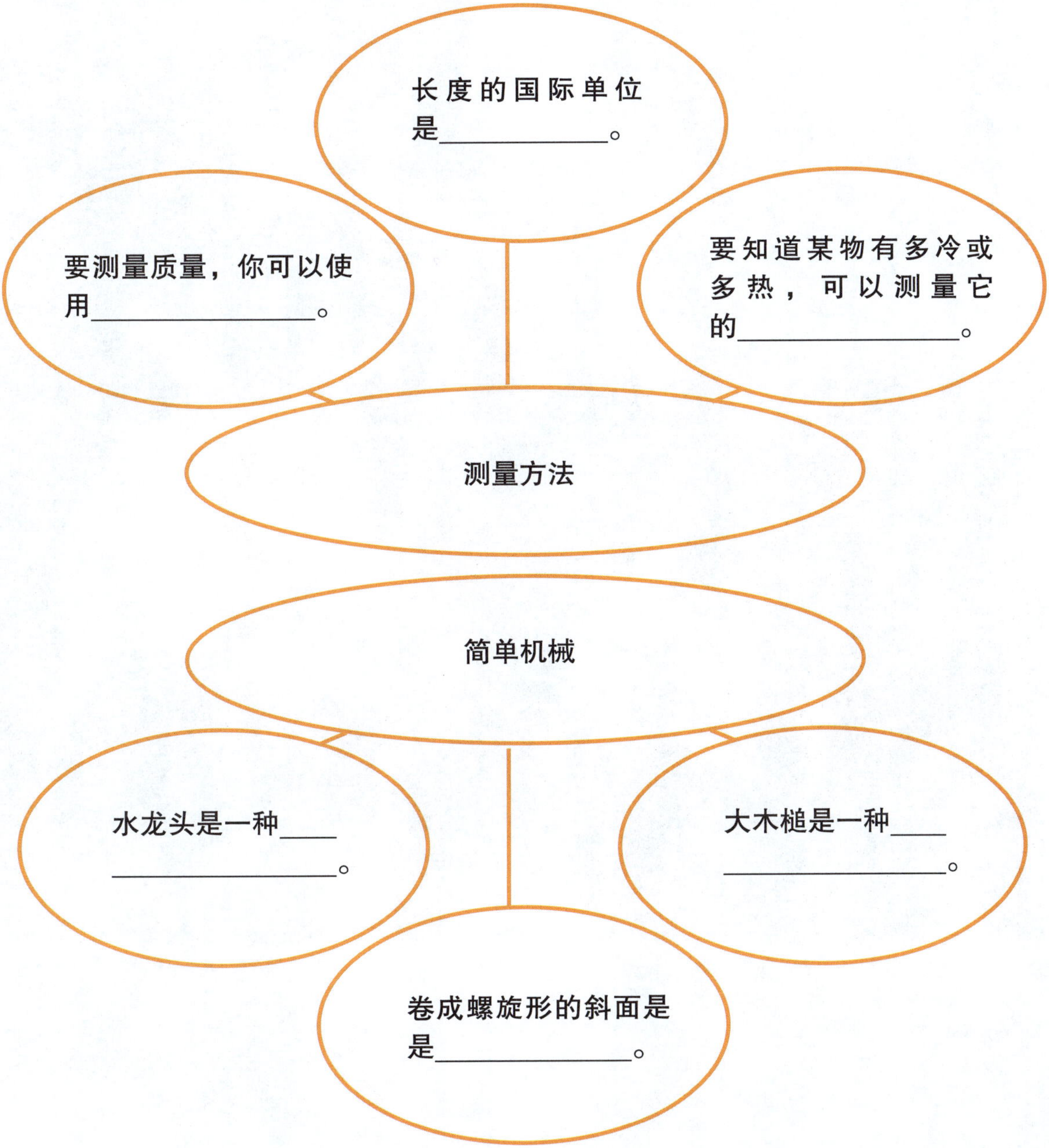

第1课
测　量

看一看，想一想

图中的潜水员正在测量海底的一株植物。为什么说了解怎样测量很重要？

基本问题 你会怎样比较不同的材料？

怎样测量教室?

活动目的

猜测教室的长度，然后进行测量。

活动步骤

1. 猜一猜你需要走几步才能从教室的一端到另一端。将你的猜测写在下面的横线上。

____

2. 背对教室的一面墙站立，依次将一只脚放在另一只脚前面，前脚的脚后跟必须碰到后脚的脚尖。按这样的方式从教室的一端走到另一端，数一数横穿教室需要的步数，并将你的答案写在下面的横线上。

____

参照第68页半页式 学习指南，把你做的粘贴在这里。

3. **交流** 另取一张纸，参考下列表格样例重新画一个表格，并列出其他同学的测量结果。

学生	步数

4. **解读数据** 比较你和其他同学的数据。最多的步数是多少？最少的呢？有同学的步数和你的一样吗？

____

____

得出结论

5 **推测** 为什么会有不同的测量结果？为什么我们不直接用脚来测量长度？

____

____

进一步探究

测量 观察米尺。猜一猜从教室的一端到另一端有几米。现在，测量你走一步的长度。测量范围是从后脚的脚后跟到前脚的脚尖。使用米尺来检验你的猜测。

____

____

____

____

开放式探究

关于测量，你还有其他问题吗？设计一个合理的测试来回答你的问题。

我的问题：______________________________________

____

我会怎样测试：____________________________________

____

我的实验结果：____________________________________

____

____

阅读思考

我们怎样测量?

如果你有合适的工具，测量物体就变得很简单了。**测量（measure）**是了解某个物品的尺寸或数量。你可以用尺子测量一段木头的长度，也可以用秤测量一筐苹果的质量，还可以用体温计测量你的体温。不论什么物体或材料，你都可以使用一种工具来测量它。

在本页中，圈出用于测量物体的三种工具的名称，并在对应的国际单位下画线。

国际单位

人们使用以标准单位标记的工具。标准单位就是人们达成一致的测量单位。木工在测量木板时以米为单位，科学家在测量生长中的植物时以厘米为单位。

国际单位（SI units）是指科学家使用的标准单位。SI是法语中“国际标准”的缩写。厘米（cm）、米（m）和千米（km）都是国际单位。也有人使用英制标准单位，英寸、英尺和英里都是英制标准单位。

国际单位都是基于10的倍数。国际单位使用如千、厘和毫的前缀。每个前缀表示测量结果的大小。例如，千的意思是“1,000”。1千米等于1,000米。

卷尺是一种工具，它可以帮助图中的人制作书架。▶

长度

米是长度的国际单位。**长度（length）**是指从物体的一端到另一端的单位数量。**宽度（width）**是指横跨物体的单位数量。

这页纸有多长？有多宽？为了回答这些问题，你可以使用尺子测量这页纸。当然，你也可以进行估算。**估算（estimate）**是指对于某个物体尺寸或数量的最近似的猜测。

小测验

1. 估算这页纸的长度和宽度。记录你的结果并用国际单位表示。
   长度________________　　宽度________________
2. 测量这页纸的长度和宽度。记录你的结果并用国际单位表示。
   长度________________　　宽度________________

读　表

估算你家到学校的距离（单位：千米）。

____

长度估算

国际单位	换算	长度估算
1厘米	$\frac{1}{100}$ 米	你的拇指指甲的宽度
1分米	10厘米 $\frac{1}{10}$ 米	一支蜡笔的长度
1米	10分米 100厘米	一张桌子的长度
1千米	1,000米 100,000厘米	你步行10到15分钟的距离

更多读表练习，请翻至第 60 页。

怎样测量质量?

另一种重要的量度是质量。**质量(mass)**是指一个物体中所含物质的多少。人们对某个物体质量大小的直观感觉是重或轻。质量的国际单位是克。1克大约是2枚小回形针的质量。

你可以用托盘天平测量物体的质量。首先，你要将待测量的物体放在天平的一端。然后，在天平的另一端加砝码直到两端平衡。天平的两端平衡后，将砝码的总克数加起来所得的总数，就是物体的质量。

▲ 每个砝码上都有一个数字。这个数字标明了砝码的质量。

托盘天平

小测验

3. 1千克等于多少克?

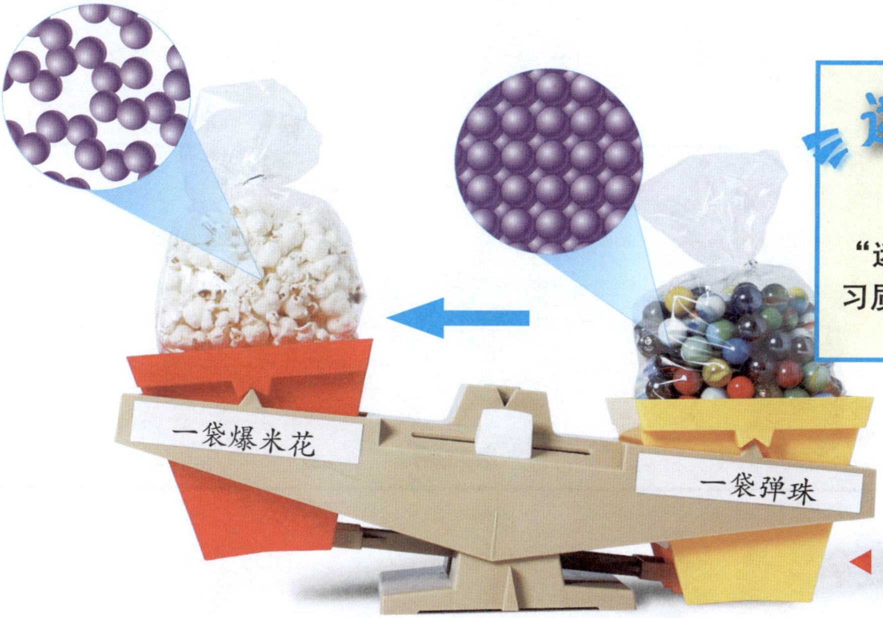

迷你实验

翻至第66页“迷你实验”，练习质量的测量。

这两个袋子大小相同，质量却不同。

具有相同大小和形状的物体，其质量并不总是相等的。一颗弹珠和一粒爆米花的大小大致相同。然而，一颗弹珠的质量比一粒爆米花的质量大多了。为什么会这样?

所有物体都是由微小粒子构成的。构成弹珠的粒子排列紧密，而构成爆米花的粒子排列较为松散。因此，在相同大小的空间中，弹珠比爆米花具有更多的粒子。

在上图中质量较小的袋子上画一个箭头。

小测验

根据本页中的图片回答问题。

4. 你怎么知道弹珠的质量比爆米花的大?

____

5. 如果将弹珠从天平上拿走，会发生什么?

____

参照第70页双标签式 学习指南 ，把你做的粘贴在这里。

什么是温度？

到目前为止，你已经学习了测量固体的相关知识。其实，液体也可以测量，比如茶或柠檬汽水。你甚至可以测量气体，比如空气。一种测量液体或气体的方法是读取它们的温度。那么，测量温度时测的是什么？

和固体一样，液体和气体也都是由微小粒子构成的。粒子在永不停歇地运动。你测量温度时，实际上是在测量粒子的运动速度。在你为了泡茶而加热水的过程中，组成水的粒子运动速度加快，液体温度升高。当你冰镇柠檬汽水时，组成汽水的粒子运动速度减慢，液体温度降低。

小测验

6. 你把一杯水放进冰箱后，组成水的粒子会发生什么变化？

____

7. 你能测量固体的温度吗？请说明理由。

____

____

温度的测量

你可以使用温度计来测量任何材料的温度。温度的计量单位是摄氏度（℃）。在英制标准单位中，温度的计量单位是华氏度（℉）。

下图中，温度计正在测量鱼缸中的水温。温度计里有一种红色液体。白天，鱼缸中的水温慢慢升高，组成红色液体的粒子运动得越来越快、越来越分散，液柱越来越高。温度计上的数值表示了水的温度。

更多读图练习，请翻至第 61 页。

小测验

8. 热量怎样影响温度计中液体的运动？

第1课回顾

巩固提高

用自己的话总结本课所学内容。

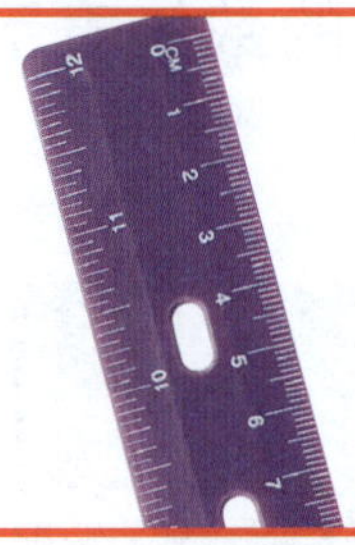	测量材料______ ______ ______
	国际单位______ ______ ______
	热量______ ______ ______

制作 学习指南

制作一份叠层簿学习指南，并用它来总结你学到的关于测量的知识。

想一想，说一说，写一写

1 词汇 什么是国际单位？

____

2 中心思想和论据 热量是怎样影响材料的？

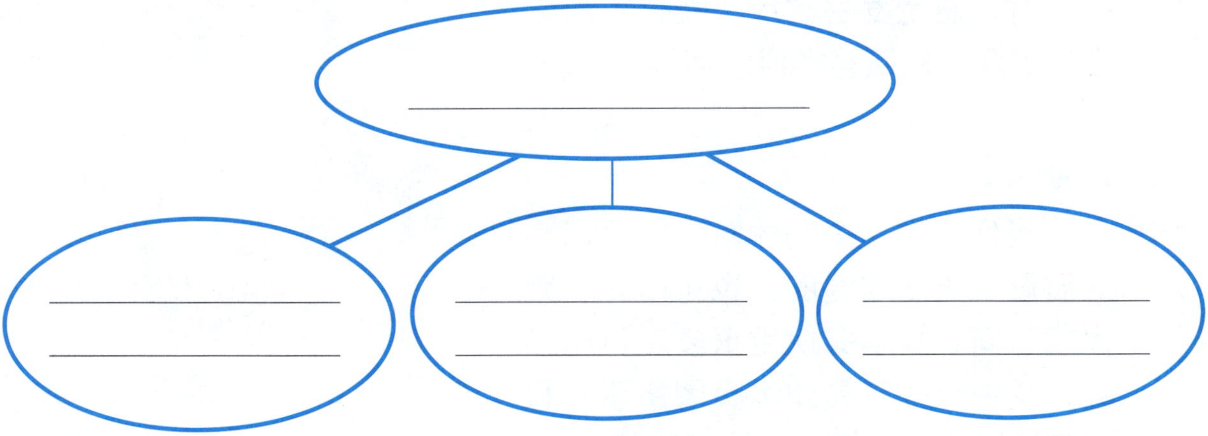

3 批判性思考 为什么说标准的度量体系很重要？

____

____

4 复习指导 你会使用什么工具来测量质量？

A. 温度计　　B. 尺子

C. 托盘天平　　D. 卷尺

基本问题 你会怎样比较不同的材料？

____

聚焦技能

探究技能：测量

对地球上的生命体来说，水是一种很重要的物质。它在地球上既能以固态冰和液态水的形式存在，也能以水蒸气的形式存在。当固态冰变成液态水时，质量发生了什么变化？科学家通过测量来回答类似的问题。

温度计

▶ 学习

当你测量某个物体时，既可以测量质量、长度或温度，也可以测量距离或时间。科学家使用很多工具来测量，其中一些工具如本页图所示。科学家通过测量来描述、比较事物。

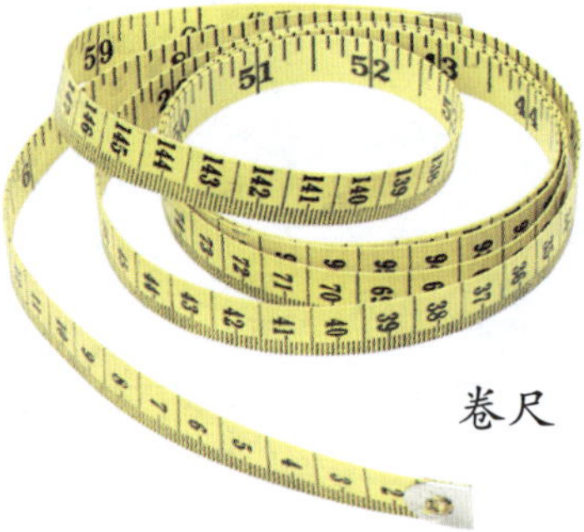

卷尺

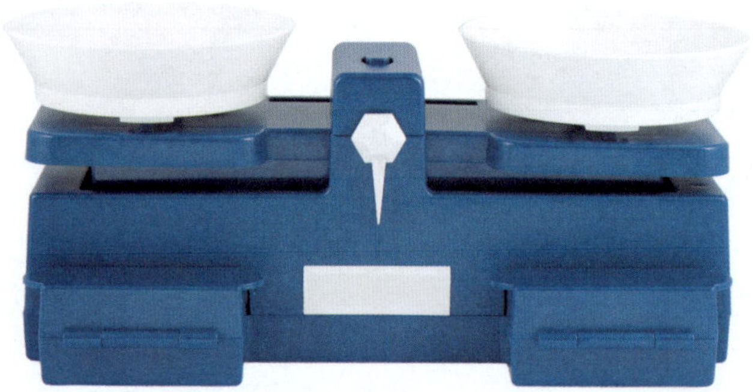

托盘天平

▶ 尝试

你已经知道科学家通过测量来回答问题。同样，你也可以通过测量回答这个问题：小冰块融化后的质量和原来的一样吗？

材 料 托盘天平、砝码、小冰块、烧杯、保鲜袋、橡皮筋

1. 在烧杯中放入几个小冰块，用保鲜膜封住烧杯口，以防水分蒸发。
2. 将烧杯放在托盘天平的一端，在天平的另一端加砝码直到两端平衡，测量其质量。记下质量和此时的时间。

时间	质量

3. 每隔 15 分钟测量一次烧杯的质量，直至冰块完全融化。
4. 根据你的测量结果回答问题。小冰块融化后的质量和原来的一样吗？请说明理由。

____

____

▶ 应用

冰激淋融化后的质量和原来的一样吗？设计一个实验来回答这个问题。

____

____

第2课

简单机械

看一看，想一想

工具使我们的生活变得更加便捷。这个手推车是怎样使收割蔬菜变得更方便的？在菜园中你还会使用其他哪些工具？

基本问题 工具怎样使工作变得更便捷？

探究活动

简单机械怎样帮你提起重物？

材　料

- 黏土

- 马克笔

- 尺子

- 2 个小杯子

- 大积木

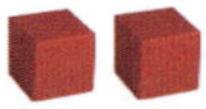

- 小方块

作出假设

观察步骤2的照片。沿着尺子移动马克笔的位置是否会改变抬起2块大积木所需砝码的数量？写下你的假设。你的假设可以这样开头：“如果我将马克笔向放着2块大积木的一端移动，那么……”

____

____

验证假设

1. 像照片中那样，用一些黏土将马克笔固定在尺子的正中间。然后，用黏土将 2 个小杯子分别粘在尺子的两端。

2. **实验**　将 2 块大积木放在一个杯子中，向另一个杯子中加小方块。如果要将 2 块大积木抬起来，需要几个小方块？

____

3. **使用变量**　改变马克笔的位置，使其移向放了 2 块大积木的那端。
4. 重复步骤 2。马克笔的新位置是怎样改变你的实验结果的？

____

____

得出结论

5 交流 这个机械是怎样抬起物体的？

______

6 解读数据 抬起 2 块大积木所需小方块的数量是怎样随着马克笔位置的变化而改变的？

______

______

进一步探究

实验 2块大积木会在什么时候抬得更高？是马克笔接近放着2块大积木那端时，还是接近放着小方块那端时？试着找出答案。

______

______

开放式探究

小方块移动物体的距离和所用小方块的个数有什么关系？针对这个关系，提出你自己的问题。设计一个合理的测试来回答你的问题。

我的问题：______

______

我会怎样测试：______

______

我的实验结果：______

______

______

阅读思考

我们怎样使工作更便捷?

当园丁推手推车时，他（她）对手推车施加了一个力。**力（force）**可以是推力或拉力。

力可大可小。例如，拿起一个橘子需要的力比拿起一个南瓜需要的力小。力的国际单位是牛顿（N）。拿起一个橘子大约需要1牛顿的力。

当你拿起一个橘子时，你做功了。**做功（work）**就是使用力来移动物体。做功可以很容易，也可以很难。拿起一个橘子需要做的功比拿起一个南瓜需要做的功要少。

小测验

1. 说一说，图片中的女孩在做功吗?

____

有没有做功?

简单机械

像汽车、大型起重机和推土机这样的机械有很多部件，它们能帮助我们在短时间内完成大量的工作。然而世界上最早的机械都是很简单的。**简单机械（simple machines）**是一种没有或只有少量活动部件的机械。常用的简单机械有6种，分别是杠杆、滑轮、轮轴、斜面、螺旋和楔子。

简单机械

小测验

2. 这些简单机械有什么共同点？

____

什么是杠杆?

手推车和螺丝刀有什么相同点？它们都是杠杆。**杠杆（lever）**是指一根在力的作用下可绕固定点转动的硬棒。这个固定点被称为支点。杠杆可以抬起或移动物体。被抬起或移动的物体称为负载。支点越靠近负载，移动负载所需的力就越小。杠杆也可以改变力的方向。将杠杆往下压，可以让负载往上抬。

小测验

3. 怎样使杠杆变得更省力?

____

更多读图练习，请翻至第 62 页。

使用杠杆

读 图

上图中，杠杆的支点在哪里?

____

轮轴

轮轴是一种杠杆，它是由连接在一起的一个轮和一根杆组成的。这根杆被称为轴。水龙头利用轮轴控制水的开关。水龙头的把手是轮，阀门是轴。当把手转动时，阀门也随之转动。如果没有把手，转动阀门会变得很困难。

轮轴可以使物体移动得更远、更快。看看本页中摩天轮的图片。发动机驱动轴旋转，当轴转了一圈，摩天轮上的人也转了一圈。人比轴移动得更远、更快。

水龙头和摩天轮只是轮轴的两个例子。你能想到其他的例子吗？

▲ 转动水龙头的把手时，阀门也跟着转动。

轴转一小圈，轮转一大圈。▼

小测验

4. 举一个本页中未提及的利用轮轴的例子。

____

5. 转动一圈时，是轮还是轴移动的距离更远？

____

什么是滑轮?

滑轮（pulley）是一种简单机械，它由一个有凹槽的圆轮和一段绳索组成。连接在固定物体上的滑轮叫做定滑轮。定滑轮的绳索绕在圆轮上并与负载相连接。当你向一个方向用力拉绳索的末端时，负载会向相反方向移动。定滑轮只改变力的方向。

与负载相连的滑轮叫做动滑轮。和定滑轮不同的是，动滑轮并不改变力的方向，但它能改变做功所需力的大小。动滑轮可以减少做功所需力的大小。

在本页中，圈出使工作更便捷的滑轮的名称。

这是一个定滑轮。这个钻井利用定滑轮和动滑轮来升降重物。

滑轮的种类

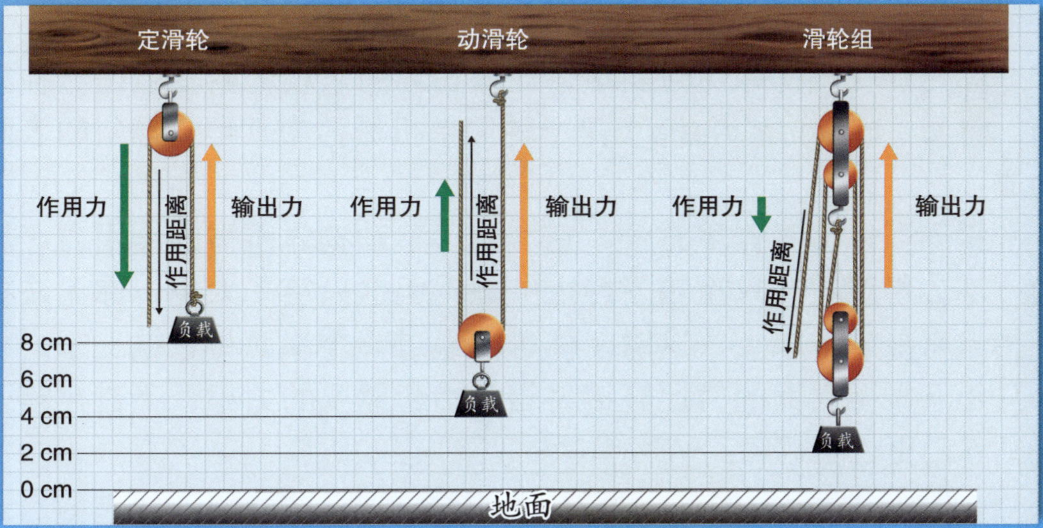

本页中的示意图展示了定滑轮和动滑轮是怎样工作的。你需要拉动绳索的一端来移动负载。你拉动绳索的力叫作用力。负载受到的力叫输出力。动滑轮可以减少移动负载所需要的作用力。拉动负载时使用的动滑轮越多，移动负载就越省力。

使用一个动滑轮，可以使输出力减半，但移动绳索的距离翻倍。这个距离叫作用距离。要使移动负载变得更省力，作用距离必须增加。

读 图

哪种滑轮系统抬起负载所需的作用力最小？

____

____

____

更多读图练习，请翻至第 63 页。

小测验

6. 在本页的示意图中，三个滑轮系统的作用距离和输出力都是一样的。如果增加滑轮，作用力会怎么发生改变？

____

什么是斜面?

你可能在楼房中见过斜坡，比如在你的学校。斜坡就是一种斜面。**斜面（inclined plane）**是一种简单机械，由平坦、倾斜的表面组成。

斜面可以使工作更方便。它减少了移动物体所需的作用力。想象一下，你要将一只重箱子搬上卡车，但这只箱子太重，你无法将它抬起来放到卡车上。这时，你可以通过一个斜面将它推上车。将一只箱子推上斜面的力比直接将箱子抬起需要的力小。不过，箱子必须移动更长的距离。

小测验

7. 长斜面和短斜面哪个能减少更多的作用力？为什么？

螺旋

当你在向别人描述螺旋式楼梯时，你可能会说它的形状就像一枚螺丝钉。这是因为它和螺丝钉有相同的结构。**螺旋（screw）**是将斜面围绕圆柱体卷成螺旋形。螺旋将一个旋转的力转变为向下的力。旋转一根螺丝钉比敲击一根钉子需要的力小。

不是所有的螺丝钉都是一样的。准备两枚约5厘米长的螺丝钉。其中一枚的螺纹（或斜面）有15圈，另一枚的螺纹有50圈。那么，转动有更多螺纹的螺丝钉所需的力更小，但钉入相同的距离时，它需要转更多圈。

楔子

如果你将两个斜面背对背放在一起，你会得到一个楔子。**楔子（wedge）**是一种能将物体分开的简单机械。它能将一个力分成两个分离的力。

大部分切割工具都是楔子，比如刀。斧子的斧刃就是一个楔子。当你用斧子劈木材时，向下的力转变成两个侧向力，从而使木材裂开。

小测验

8. 螺纹更少的螺旋有哪些优点呢？

____

____

迷你实验

请完成第67页“迷你实验”，学习关于斜面的知识。

螺丝钉旋转时，它施加了一个向下的力。

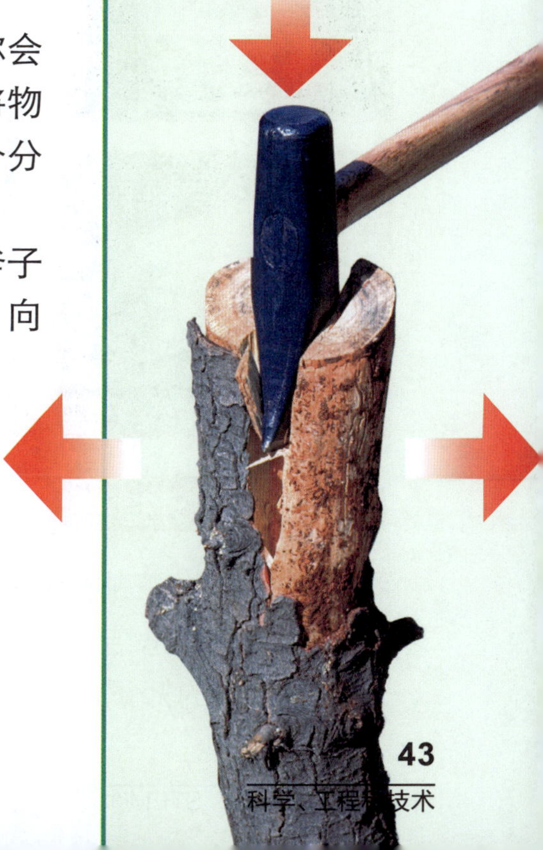

斧子将一个向下的力转化为两个分离的力。

第2课回顾

巩固提高

用自己的话总结本课所学内容。

杠杆和轮轴 ________________________

____

____

____

滑轮 ________________________

____

____

____

斜面 ________________________

____

____

____

制作 学习指南

制作一份三折簿学习指南，并用它来总结你学到的关于简单机械的知识。

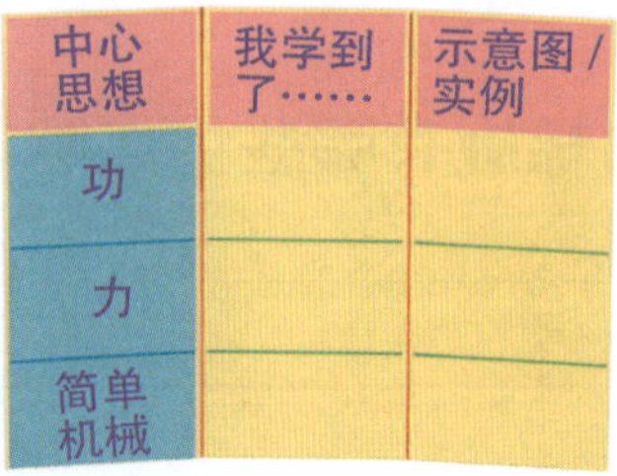

想一想，说一说，写一写

1 词汇 什么是简单机械？

____

____

2 分类 将你今天使用过的两种简单机械进行分类。

简单机械的名称	简单机械的种类

3 批判性思考 啄木鸟是怎样把它的喙当作简单机械来使用的？

____

4 复习指导 摩天轮属于哪种简单机械？

A. 滑轮　　B. 斜面　　C. 轮轴　　D. 楔子

基本问题 工具怎样使工作变得更便捷？

____

____

____

聚焦技能

科学和技术：设计过程

你有什么小发明吗？如果有，你就已经运用过设计过程啦！设计过程（design process）是指解决问题的一系列步骤。

▶ 学习

你可能已经运用过设计过程。首先，你需要明确问题，然后，设计几种可能的解决方案。

有时，因为某些材料非常昂贵或难以获取，你设计的最佳解决方案不能实现。有时，原先的设计在实现过程中和你想象的不太一样。这就是所有设计都需要经过测试的原因。测试和改进设计可以帮助你成为一名成功的设计师。

看看本页中的这张图片。凯做了一个告示，告诉同学们即将举办的学校野餐活动。他把告示贴在了学校外面，但是这个告示被风吹走了！

请你帮助凯设计3种解决方案，并在下列方框中描述你认为可行的方案。记得在你的草图中做好标注。

解决方案 1	解决方案 2	解决方案 3

创意设计过程

罗恩想要更换他自行车的轮胎。但是，有一个螺栓掉进了下水道井盖中！没有螺栓，他就无法把轮胎装回去。

❶ 明确问题

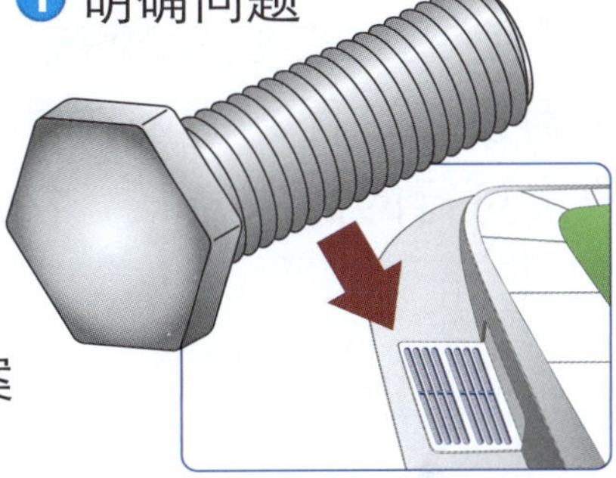

❷ 头脑风暴和设计可行的解决方案

罗恩设计了三种解决方案。

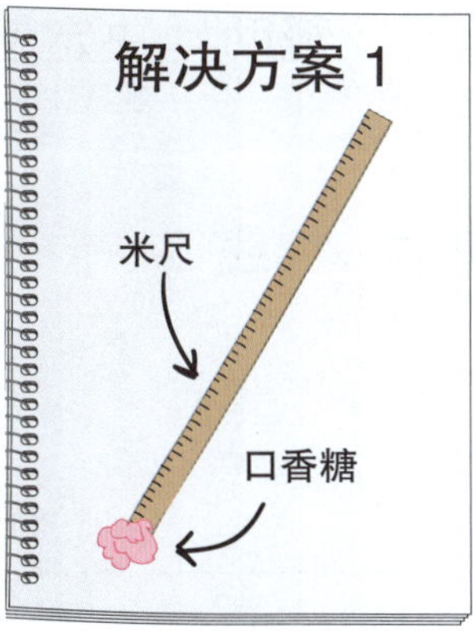

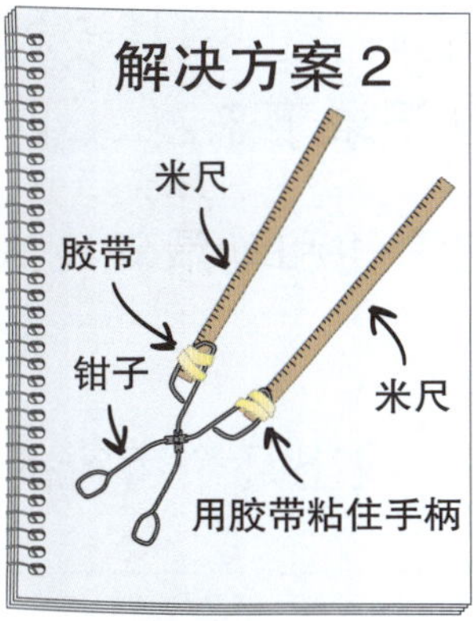

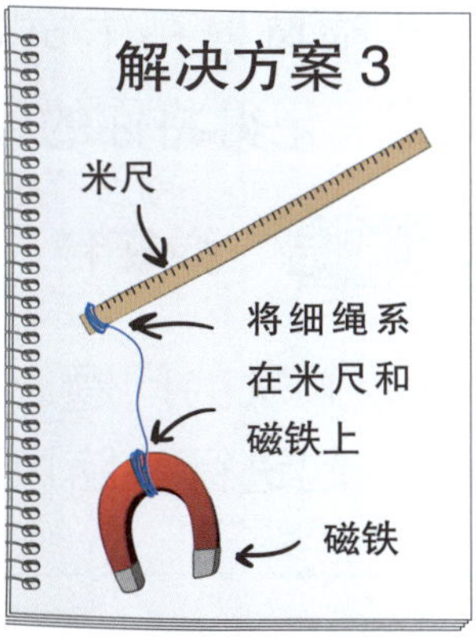

❸ 评估解决方案

比较三种解决方案。罗恩没有磁铁，也没有钳子，但他有口香糖。他也可以用一块长木板代替米尺。因此，解决方案1可行！你能在这个设计的基础上想出其他改进方法吗？

❹ 交流设计

聚焦技能

科学和技术：设计过程

你是否遇到过必须要解决的难题？当人们需要解决问题时，常常会用到设计过程。明确要解决的问题之后，他们需要进行头脑风暴来找出可行的解决方案，然后选择解决方案，设计模型并进行测试。

▶ 尝试

安娜要将一架钢琴从一楼搬到二楼阳台。她想使用斜面或滑轮。请你头脑风暴一下可能的解决方案并设计模型，帮助她决定使用哪个方案。记得将你的设计记录下来。

材 料 弹簧秤、定滑轮和动滑轮、大积木、棉线

1. 明确需要解决的问题。
2. 和同学一起进行头脑风暴，找出几个可行的解决方案。

3 下面的两张图中展示了安娜的两种解决方案。

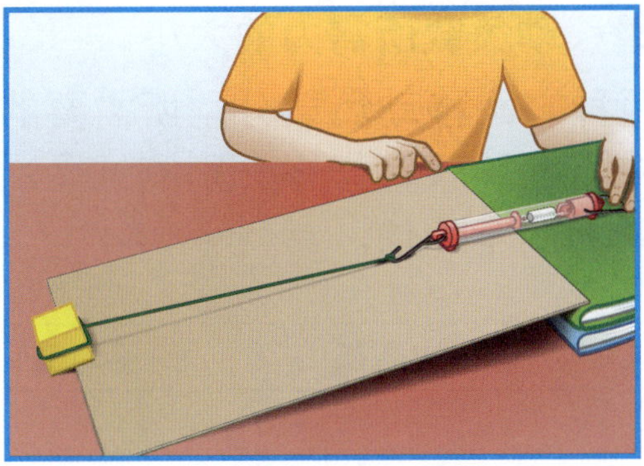

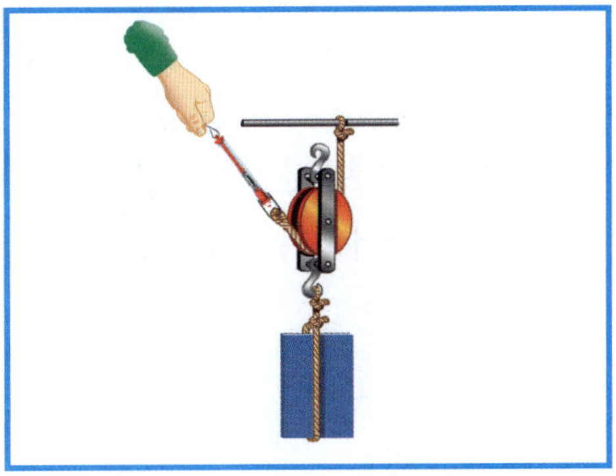

在下面的方框中画出两个你认为最佳的解决方案。

解决方案 1	解决方案 2

4 你怎么决定哪个解决方案更好?

____

____

____

聚焦技能

▶ 应用

测试你的两种解决方案。测量移动负载所需力的大小。

1. 以牛顿（N）为单位，记录两种方案移动负载分别所需要的力的大小，并将结果记录在下表中。每种设计方案分别测试 2 次。计算每种设计方案移动负载所需力的平均值。

	第 1 次测试	第 2 次测试	平均值
解决方案1			
解决方案2			

2. 哪个方案移动钢琴更好？为什么？

3. 你还能对你的设计做哪些改进？请描述改进的方法。

4 另取一张纸，画出你的最终设计方案并进行测试。在你的设计方案上加上标注和说明，并附一个表格展示你的测试结果。

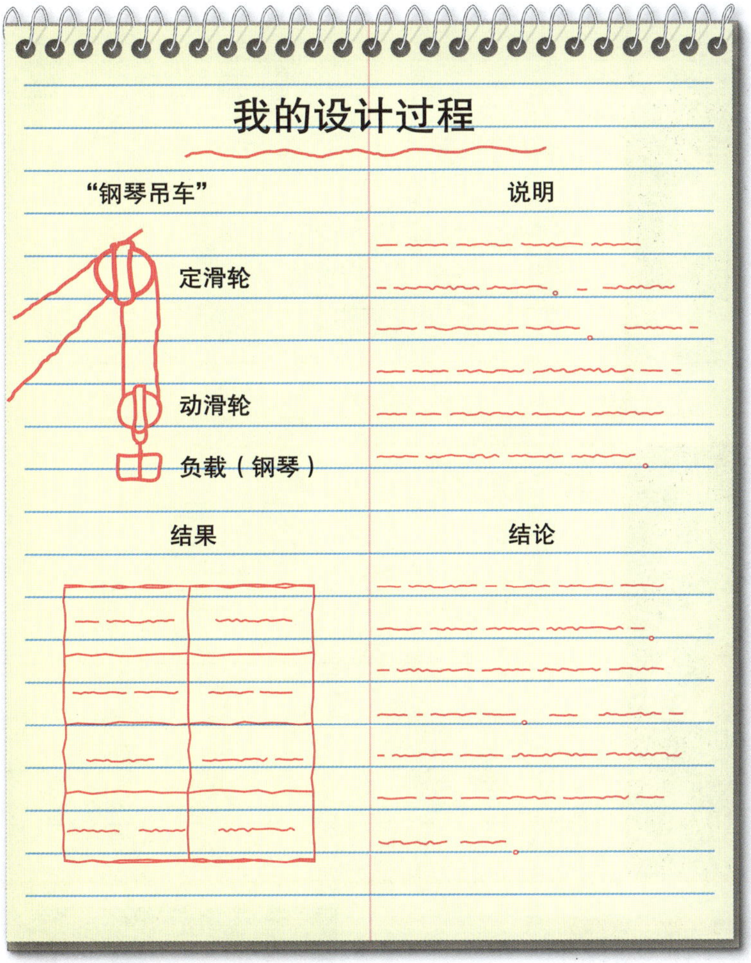

参照第73页四门式 学习指南，把你做的粘贴在这里。

看图总结

用自己的话总结每课所学内容。

第 1 课 ______

第 2 课 ______

制作 学习指南

如图所示，将你制作的学习指南粘在一张大纸上，并用它们复习你学到的知识。

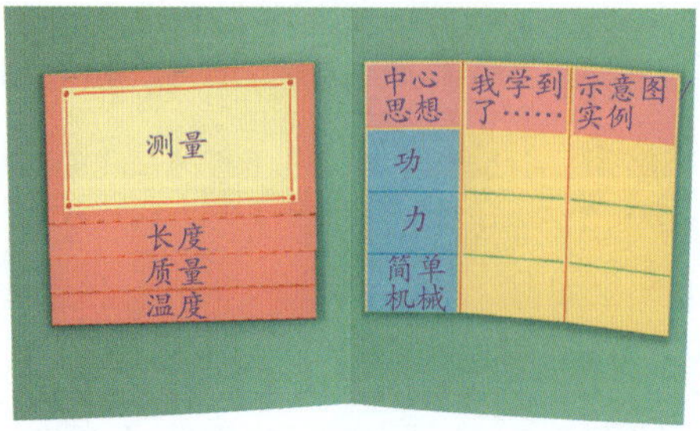

词 汇

DOK 1

选择最佳词汇填空。

力	质量	温度
斜面	牛顿	温度计
长度	国际单位	
杠杆	简单机械	

1. 推力和拉力的标准计量单位叫做______________。
2. 当你测量某个物体的冷热程度时，你是在了解它的______。
3. 一个物体中所含材料的量叫做这个物体的______________。
4. 科学家使用的标准计量单位的统称叫做______________。
5. 由一根在力的作用下可绕固定点转动的硬棒所组成的简单机械被称为______________。
6. 推力或拉力都是一种______________。
7. 从物体的一端到另一端的单位数量是这个物体的________。
8. ______________用于测量温度。
9. 一种只有少量或没有活动部件的工具是______________。
10. 螺旋是由______________卷成的一个螺旋形物体。

*DOK（depth of knowledge）：知识深度等级。

STEM回顾

科学技能和科学概念

DOK 2—3

回答下列问题。

11. **总结** 列举一个物体的3种属性，并写出测量这些属性时用到的国际单位。

12. **批判性思考** 如果要将一根树干分成小块，你会使用哪种简单机械？为什么？

13. **原因和结果** 力怎样影响物体的运动？请举例说明。

14. **测量** 怎样使用托盘天平测量物体的质量？

15. **批判性思考** 两个体重一样的人用大小相同的力向相反方向拉一根绳子。他们做功了吗？为什么？

16. **推断** 如果要描述某物的大小，需要测量哪两个量？

17. **判断对错** *空气没有质量。*这句话是正确的还是错误的？为什么？

18. **判断对错** *轴就是一根在固定点上移动的杠杆。*这句话是正确的还是错误的？为什么？

19. 螺丝刀属于以下哪种简单机械？

A. 螺旋

B. 杠杆

C. 滑轮

D. 斜面

大概念

20. 你会怎样使用测量方法和工具来解决问题？

测试

圈出每题的正确答案。

1. 下图这个测量工具能测量物体的哪种属性？

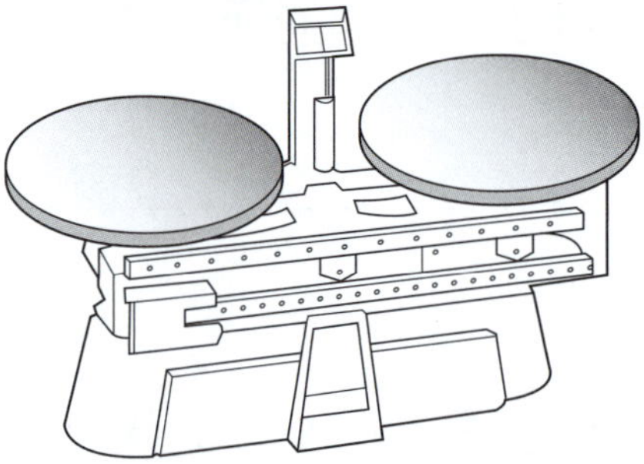

A. 质量　　B. 长度

C. 宽度　　D. 温度

DOK 1

2. 要抬起一架钢琴，以下哪种简单机械是最佳选择？

A. 杠杆　　B. 滑轮

C. 楔子　　D. 轮轴

DOK 2

3. 哪三种简单机械能组成一个开罐器？

A. 轮轴，杠杆，楔子

B. 轮轴，杠杆，滑轮

C. 斜面，杠杆，楔子

D. 斜面，杠杆，滑轮

DOK 2

4. 使下图的游乐设施转动，要用到哪种简单机械？

A. 滑轮

B. 楔子

C. 斜面

D. 轮轴

DOK 1

5. 以下哪种工具用于测量温度？

A. 托盘天平

B. 弹簧秤

C. 温度计

D. 量筒

DOK 1

回答以下问题。

6. 写出测量温度时的两个常用单位。

DOK 1

7. 写出测量质量的两个国际单位。

DOK 1

8. 举一个运用轮轴的常见实例。

DOK 1

9. 请说出把小刀用作简单机械的两种方法。

DOK 2

10. 爱丽莎使用了三种滑轮系统来抬起负载。她的试验结果如下表所示。

作用力	输出力	负载抬起的距离
8 N	8 N	8 cm
4 N	8 N	4 cm
?	8 N	2 cm

“? ”代表多大的作用力？

DOK 2

爱丽莎最有可能采用哪种滑轮系统？

DOK 2

汽车修理工

你在坐车时有没有遇到过汽车发生故障的情况？如果有的话，那接下来你可能会见到汽车修理工！汽车修理工可以让汽车重新上路。

优秀的汽车修理工会像科学家一样思考和行动。他们进行合理的测试，一次研究一个变量。他们假设某个变量可能是导致汽车出现问题的原因，然后他们修正这个变量，看看是否解决了问题。汽车修理工在找到造成汽车故障的变量、真正修理好汽车前，可能要测试很多变量。

学一学

如果你是一名汽车修理工，你会解决哪些类型的问题呢？你会怎么解决它们呢？写一篇日记描述你的工作。

读图技能训练

读表练习

我们怎样测量？

从左往右阅读下面的表格，每个度量单位旁列出了对应长度的常见物品。

度量单位	换算	长度估算
1厘米（cm）	$\frac{1}{100}$ 米	你拇指指甲的宽度
1分米（dm）	10厘米 $\frac{1}{10}$ 米	一支蜡笔的长度
1米（m）	10分米 100厘米	一根棒球棒的长度
1千米（km）	1,000米 100,000厘米	你步行10到15分钟的距离

根据表格回答下列问题。

1. 1千米是多少米？

______

2. 将下列单位按照从小到大的顺序进行排列：千米、分米、厘米、米。

______

3. 测量跑道的长度时，你最有可能使用哪个计量单位？

______

什么是温度?

图中的温度计可以用于测量温度。

测量温度

根据图片回答下列问题。

1. 为什么水族箱里有一个温度计?

____

____

2. 如果你加热鱼缸中的水，温度计会怎样变化?

____

____

读图练习

什么是杠杆?

下图展示了一个人正在使用杠杆打开罐子。杠杆由哪几部分组成?

使用杠杆

根据图片回答下列问题。

1. 怎样改变杠杆能更容易地打开罐子?

____

____

2. 杠杆是通过油漆罐的哪一部分转换能量的?

____

____

什么是滑轮?

下面的示意图展示了滑轮的相关信息。图中呈现了施加在滑轮上的力的方向，以及挂在滑轮上的负载移动的方向。

滑轮的种类

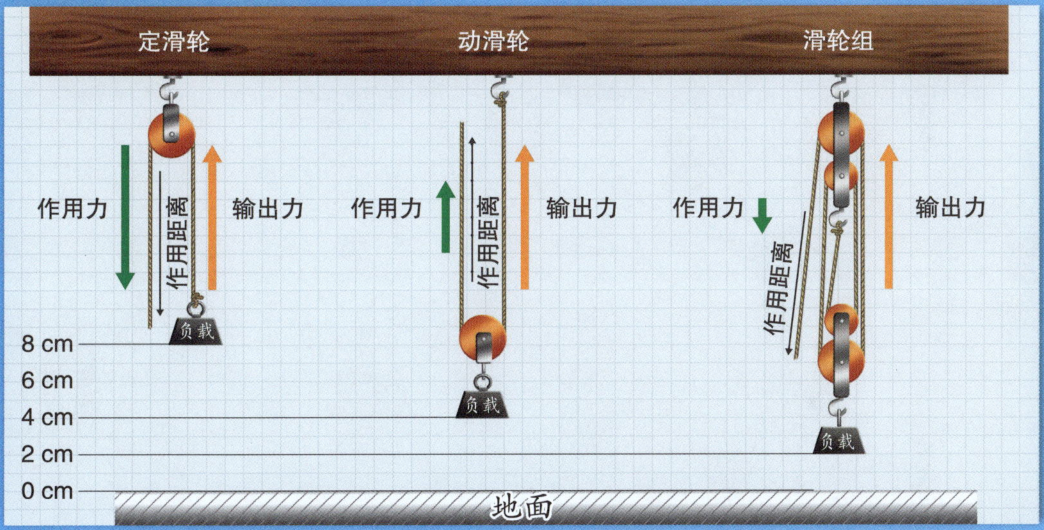

根据示意图回答问题。

1. 三幅图分别展示了哪种类型的滑轮?

____

____

2. 动滑轮与定滑轮有什么不同?

____

____

迷你实验记录单

迷你实验

测量质量和长度

1 **预测** 观察玩具车、高尔夫球和弹珠。预测哪个物品的质量最大？哪个物品的长度最长？

2 **测量** 测量每个物品的质量，并按照从大到小的顺序进行排列。

3 **测量** 使用皮尺测量，以厘米为单位记录玩具车、高尔夫球和弹珠的长度之和。

4 **解读数据** 将物品的长度按照从长到短的顺序进行排列。

5 **解读数据** 哪个物品的质量最大？哪个物品的长度最长？和你的预测相比，测量结果怎么样？

斜面

1. 根据下图制作一个斜面。然后，将一个装有 25 颗弹珠的袋子绑在弹簧秤上。
2. **测量** 垂直向上提起弹簧秤，使弹珠与书同高。记录弹簧秤的读数。测量并记录你拉动弹珠的距离。
3. **测量** 用弹簧秤沿斜面往上拉弹珠。记录弹簧秤的读数。测量并记录你拉动弹珠的距离。
4. **解读数据** 用哪种方式移动弹珠需要更多的力？用哪种方式移动弹珠需要经过更远的距离？

学习指南

你可以用白纸、坐标纸或者其他可书写的纸来做学习指南，具体的制作方法如下所示。

① 半页式

制作方法：

1. 折出一个粘贴区。
2. 沿虚线将粘贴区粘到书中的指定位置。

② 单标签式

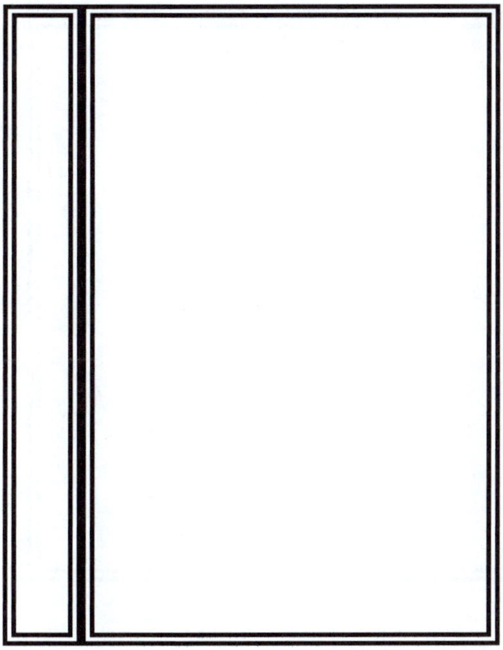

制作方法：

1. 折出一个粘贴区。
2. 沿虚线将粘贴区粘到书中的指定位置。

学习指南

3 双标签式

制作方法：

1. 折出一个粘贴区。
2. 沿虚线将粘贴区粘到书中的指定位置。
3. 沿中间线将这张纸剪成两个标签。

4 纵向三标签式

制作方法：

1. 折出一个粘贴区。
2. 沿虚线将粘贴区粘到书中的指定位置。
3. 沿中间线将这张纸剪成三个标签。

5 横向三标签式

制作方法：

1. 折出一个粘贴区。
2. 沿虚线将粘贴区粘到书中的指定位置。
3. 沿中间线将这张纸剪成三个标签。

6 四门式

制作方法：

1. 折出两个粘贴区。
2. 沿虚线将靠左的粘贴区粘到书中的指定位置。
3. 将靠右的粘贴区粘到书上。
4. 沿中间线将这张纸剪成两个标签。

7 三标签式韦恩图

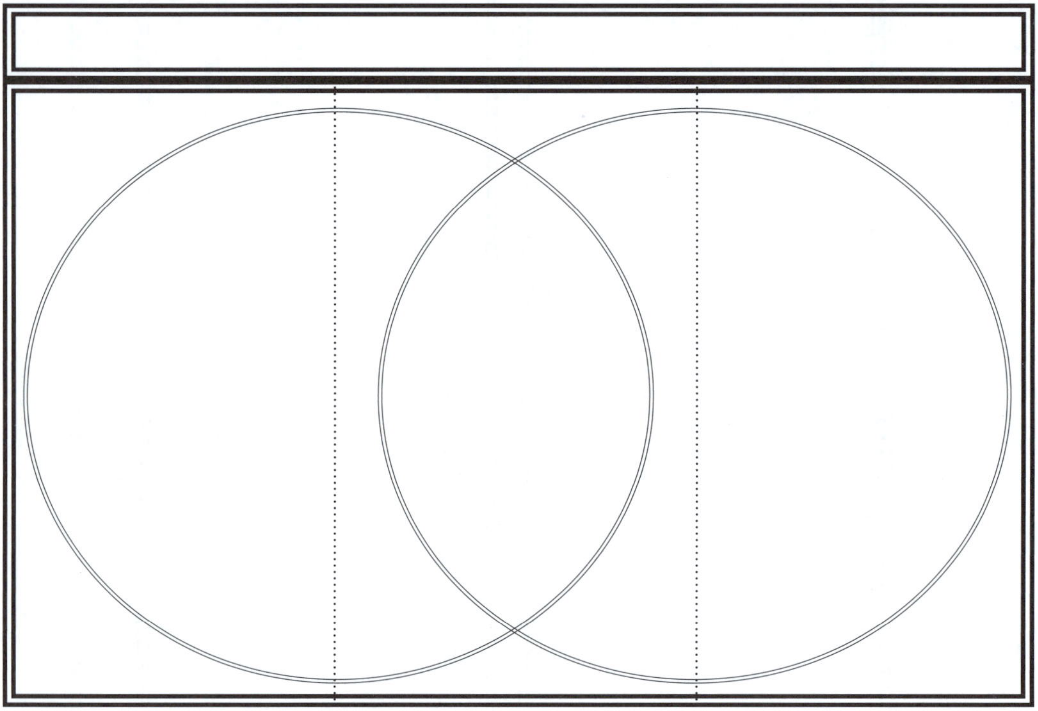

制作方法：

1. 折出一个粘贴区。
2. 沿虚线将粘贴区粘到书中的指定位置。
3. 沿中间线将这张纸剪成三个标签。

8 纵向四标签式

制作方法：

1. 折出一个粘贴区。
2. 沿虚线将粘贴区粘到书中的指定位置。
3. 沿中间线将这张纸剪成四个标签。

9 横向四标签式

制作方法：

1. 折出一个粘贴区。
2. 沿虚线将粘贴区粘到书中的指定位置。
3. 沿中间线将这张纸剪成四个标签。

⑩ 百叶窗式

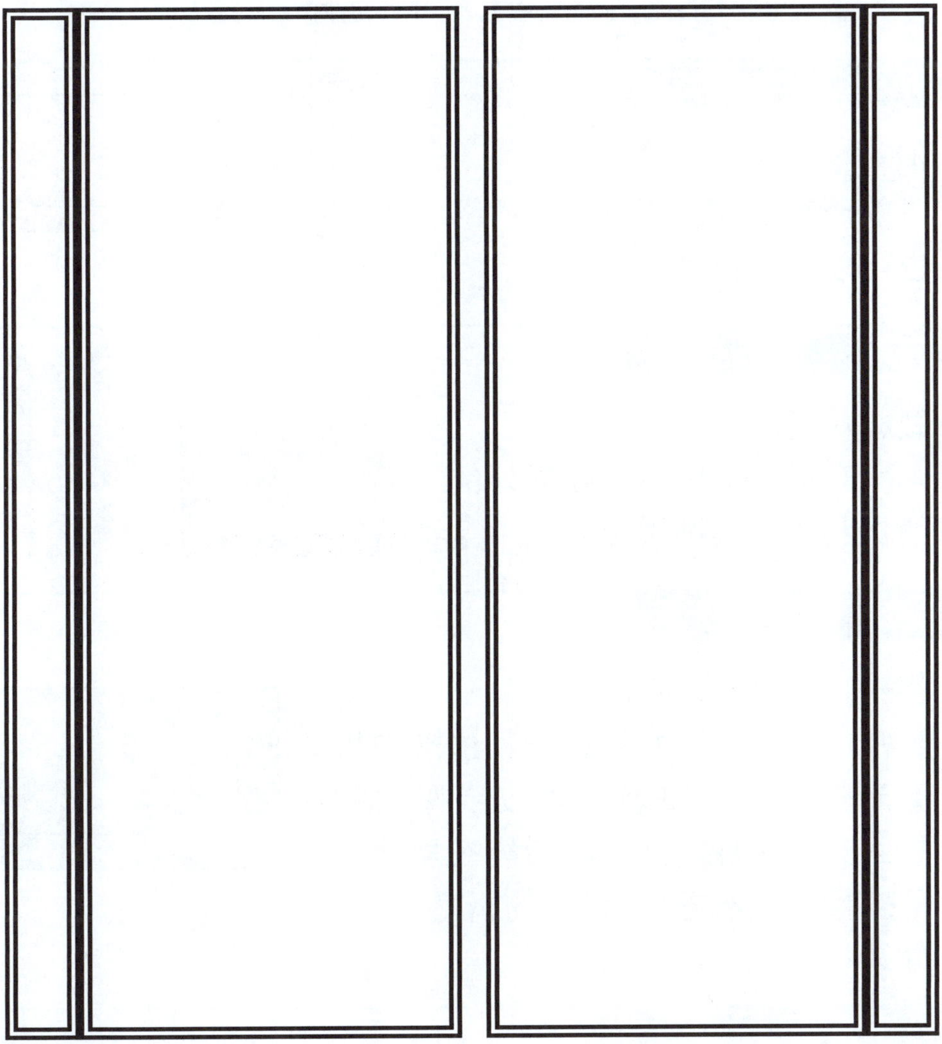

制作方法：

1. 折出两个粘贴区。
2. 沿虚线将靠左的粘贴区粘到书中的指定位置。
3. 将靠右的粘贴区粘到书上。

学习指南

折叠式学习指南

折叠式学习指南的制作方法如下所示。

对折簿

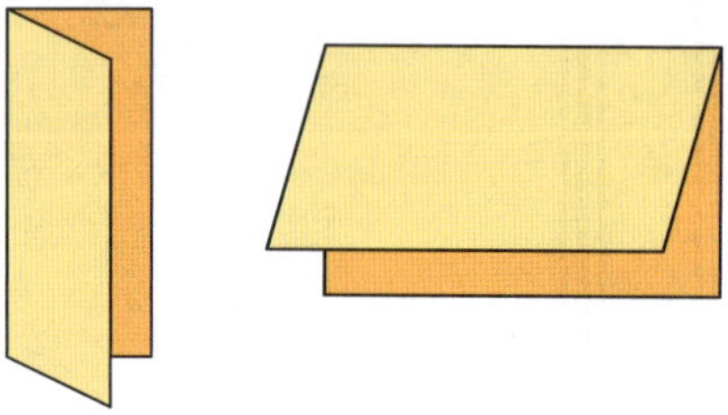

1. 把一张纸对折。
2. 可以竖着折叠这张纸。
3. 也可以横着折叠这张纸。

折叠簿

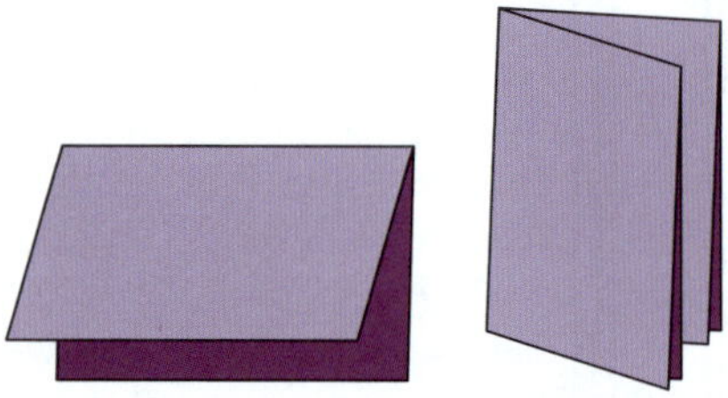

1. 做成对折簿。
2. 再次对折，把信息写在靠外的两页和中间的两页上。

口袋簿

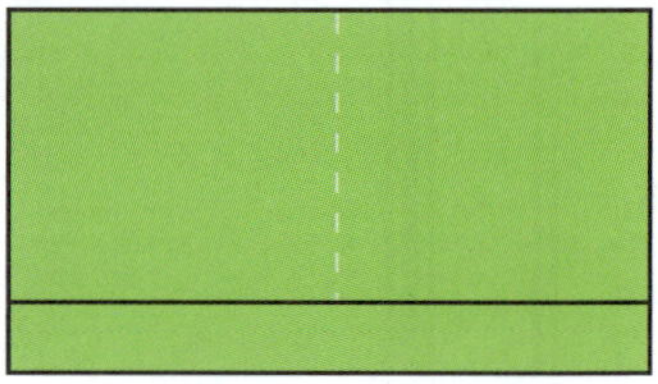

1. 将一张纸横向对折。
2. 展开这张折叠过的纸，沿长边向内折5厘米形成一个口袋。再按步骤1把纸折回去，确保刚折出的口袋在里面。
3. 用少量的胶水把5厘米宽的折叠部分的外缘粘起来。

百叶窗折页

1. 横向对折一张纸，但不要使纸有折痕。捏它一下，以标记中点。
2. 折叠这张纸的两边，使它们在你捏过的地方或在中点相接，这样就形成了百叶窗折页。

三折簿

1. 把一张纸折叠成均匀的三份。
2. 直接使用或者剪成需要的形状。

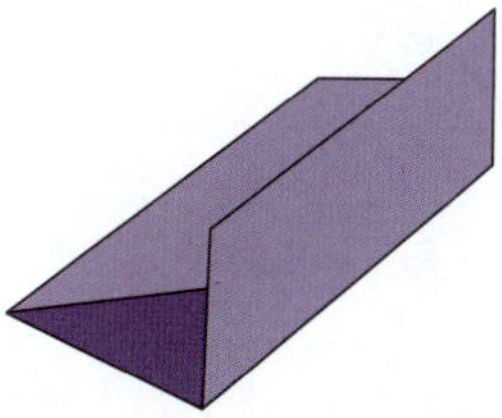

三栏簿

1. 把纸沿着短边对折。
2. 放平后，再把它折成均匀的三份。
3. 打开纸，沿着短折痕把半张纸剪成三份。

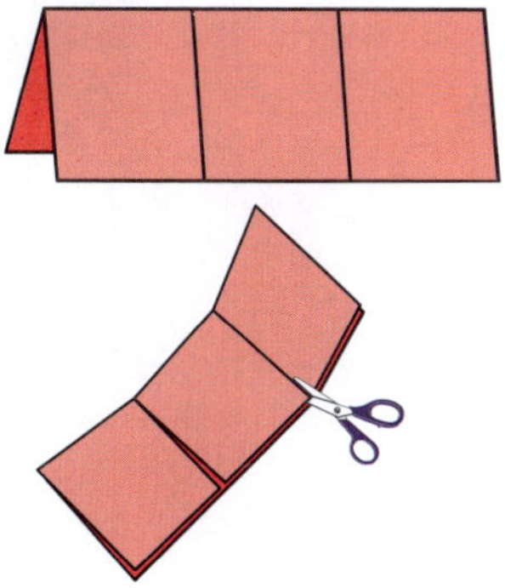

叠层簿

1. 把两张纸叠在一起，使后一张比前一张高2.5厘米。
2. 确保两张纸要左右对齐。将两张纸的底部向上折起，使前一张比后一张低2.5厘米。
3. 打开两张纸，用胶水把折痕粘起来，或者用订书机把折痕订起来。

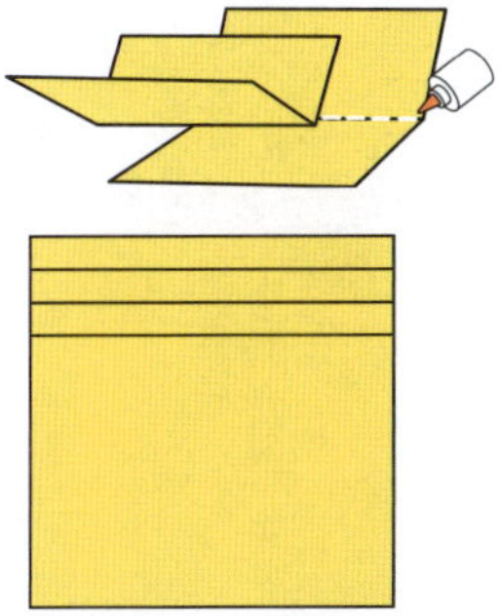

折叠式表格

1. 根据表格所需的列数折出列。
2. 根据表格所需的行数折出行。
3. 在行和列处写上内容。

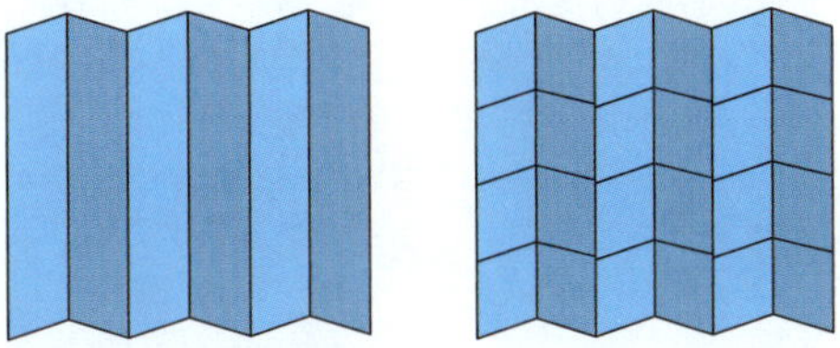

《科学启蒙（第二版）》版权声明

科学启蒙（第二版）STEM ③

McGraw-Hill Education
Science A Closer Look
Grade 3, Science, Engineering, And Technology: Consumable Student Edition
ISBN-10: 0021438153

浙江省版权局著作权合同登记号：11-2018-537

图书在版编目（CIP）数据

科学启蒙 ：第二版. STEM. ③ /（美）杰伊·哈克特（Jay K. Hackett）著 ；STEM未来计划编写组译. -- 杭州 ：浙江教育出版社，2019.12（2022.9重印）
ISBN 978-7-5536-9725-3

Ⅰ. ①科… Ⅱ. ①杰… ②S… Ⅲ. ①科学知识—少年读物 Ⅳ. ①Z228.1

中国版本图书馆CIP数据核字(2019)第268273号

科学启蒙（第二版）
KEXUE QIMENG DIERBAN
STEM③
STEM③

出版发行 浙江教育出版社（杭州市天目山路40号 电话：0571-85170300-80928）
原 著 名 SCIENCE A CLOSER LOOK GRADE 3, SCIENCE, ENGINEERING, AND TECHNOLOGY: CONSUMABLE STUDENT EDITION
本册翻译 STEM未来计划编写组
图片来源 海洛创意
责任编辑 王 强
封面设计 韩 波
责任校对 王荟捷
责任印务 沈久凌

图文制作 杭州兴邦电子印务有限公司
印 刷 杭州富春印务有限公司
开 本 787mm×960mm 1/16
印 张 5.75
字 数 115 000
版 次 2019年12月第1版
印 次 2022年9月第4次印刷
标准书号 ISBN 978-7-5536-9725-3
定 价 22.00元